ABRÉGÉ

DE LA VIE

DE

SAINT GHISLAIN,

Dont une partie des Reliques repose dans
l'Église D'HELLEMMES,
près Lille,

DRESSÉ POUR LA DÉVOTION DES FIDÈLES.

LILLE.

Imprimerie de HOREMANS, libraire.

ABRÉGÉ DE LA VIE

DE

SAINT GHISLAIN,

Dont une partie des Reliques repose en l'Eglise d'*Hellemmes*, Lille.

———

Saint-Ghislain naquit dans la Grèce, vers la fin du cinquième siècle, de Parents très-illustres et par leur naissance et par leurs vertus : dès sa jeunesse il fut envoyé à Athènes pour y apprendre les belles-lettres; il y fit de si grands progrès que tout le monde l'admirait, et qu'on lui offrit au bout de quelques années des degrés et des honneurs dans les Académies : se sentant appelé de Dieu à l'état Religieux, il les refusa pour vivre sous la règle du grand Saint Basile.

La divine Providence semble n'avoir conduit Ghislain dans le Cloître, que pour un temps, pour le perfectionner dans toutes les vertus, en faire un homme Apostolique et une colonne de l'Église; car tandis qu'il s'appliquait à remplir exactement les devoirs de sa règle, il fut choisi, d'un consentement unanime du Clergé d'Athènes, pour remplir la Chaire Archiépiscopale de cette ville. Dignité qu'il n'accepta que par force : il s'acquitta cependant de toutes les fonctions avec un zèle infatigable, veillant continuellement sur son Troupeau, et cherchant partout la Brebis égarée : Et quoiqu'il ait changé sa Cellule en un Palais, son Froc en un Rochet, il n'abandonna rien pour cela de ses exercices et mortifications ordinaires : Un jour qu'il y vaquait, il fut surpris d'un doux sommeil, pendant lequel St Pierre lui apparut et lui ordonna, de la part de Dieu, d'aller visiter les Saints Lieux à Rome. Ghislain partit incontinent; étant arrivé à Rome, il s'adressa au Saint-Père, qui le reçut avec toutes les marques d'honneur et d'affection; notre Saint s'occupe à visiter les Saints Lieux, les Églises et les Tombeaux des Martyrs; les Sépulcres des Apôtres étaient ceux qu'il fréquentait le plus, et où il se plaisait davantage. Il arriva qu'un jour, en faisant sa prière, un Ange lui apparut et lui ordonna d'aller dans le Haynaut pour y bâtir une église en son nom et au nom de St-Paul, à l'endroit qui s'appelait le Buisson de l'Ours, sur la rivière de la Haine.

Ce fidèle serviteur de Dieu, à qui rien ne coûtait lorsqu'il s'agissait d'en exécuter les ordres, se déporte de sa Chaire Archiépiscopale et de la dignité de Primat de la Grèce, se défait de tout ce qui lui appartient, et s'achemine pour le Haynaut, renonçant comme un autre Abraham à sa patrie, à ses Parents, sans espérance de les revoir jamais : après une marche longue et pénible, il arriva en un lieu qui s'appelait alors Château-Lieu, *où est bâtie aujourd'hui la ville de Mons* ; il croyait qu'il devait bâtir là son Eglise et y fixer sa demeure; en conséquence, il se mit en devoir de construire une Cabane pour s'y loger; une Ourse, poursuivie par les Chasseur du Roi Dagobert, qui prenait le divertissement de la Chasse, vint tout-à-coup se cacher sous sa robe : les courtisans de Dagobert attribuaient ce fait à la magie, mais ce roi jugeant que la chose était ainsi arrivée par quelques desseins particuliers de la divine Providence, s'approcha de Ghislain, et après s'être entretenu quelque temps avec lui, lui demanda sa Bénédiction et se retira.

A peine Dagobert et sa suite furent-ils

partis que l'Ourse s'enfuit emportant avec elle une mandelette de notre Saint, qui renfermait son petit meuble et les choses nécessaires pour le Saint-Sacrifice; Ghislain jugea que cet évènement voulait marquer quelque chose de mystérieux, c'est pourquoi il abandonne son travail, prend la route de l'Ourse, et arrivé à l'entrée d'une grande forêt, il ne savait pas par où il devait y entrer, ne trouvant ni chemin, ni sentier; dans cet embarras, il aperçoit un Aigle qui voltigeait au-dessus du bois, il conçut que cet oiseau voulait lui indiquer la route qu'il devait continuer : en effet, il entre dans la forêt, marche droit à l'endroit que l'Aigle semblait lui marquer, il voit l'Ourse qui allaitait ses petits et auprès d'elle la mandelette, sans y avoir rien dérangé; il n'en fallut pas davantage pour lui faire comprendre que c'était là l'endroit où il devait se fixer et bâtir son Eglise; l'ayant achevée, il y fit ensuite bâtir un Monastère d'hommes soumis à la Règle de Saint-Benoît, qu'il professa lui-même.

Ce pays n'était pour lors qu'un désert et une solitude affreuse, il n'y avait pour toutes Villes que les tristes débris de l'infortunée Bavai; le Peuple qui habitait dans les environs était dans les plus épaisses ténèbres de l'ignorance, de la superstition et de l'idolâtrie, il se trouva sans Autels et presque sans Prêtres pour l'instruire : Ghislain croyant que Dieu l'y avait envoyé à ce sujet parcourt tout le Hainaut et ses environs, il s'occupe sans relâche à en dissiper les ténèbres et à y faire luire le flambeau de la Foi. Dieu, pour confirmer ses prédications, le favorisa du don de miracle dont je me contenterai de rapporter les deux suivants :

Un jour que Ghislain revenait de Cambrai au buisson de l'Ours, il se reposa au Village de Roisin, chez un homme de bien dont la femme était dans les plus vives douleurs d'enfantement, et près de mourir; il en fut touché; il prie pour cette femme, et plein de confiance en Dieu, ôte sa ceinture et dit à cet homme de l'appliquer à sa femme et qu'aussitôt elle accouchera d'un fils, ainsi qu'il arriva au même instant. Ce père, transporté de joie, l'en remercia beaucoup, le priant de vouloir le baptiser, ce qu'il fit; il donna à cet enfant le nom de Baudri, à cause du Miracle qui venait de se faire; parce qu'un Baudrier ou une Ceinture signifie la même chose. Il est à remarquer que ce nom de Baudri se donne encore aujourd'hui à tous les aînés de la maison de Roisin, ce qui donne lieu de croire que cet homme où Ghislain se reposa était le Seigneur du Lieu.

Un autre jour saint Amand, Évêque de Mastrdick, venant de son Évêché à son Monastère d'Helnon (*aujourd'hi Saint-Amand*) ayant entendu parler des vertus de Ghislain, voulut lui faire visite en passant : Ghislain le reçut avec beaucoup de respect et de vénération, mais il était affligé de ce qu'il n'avait de quoi lui présenter à manger, et comme ils se promenaient le long de la rivière, Dieu, qui n'abandonne pas les siens, permit qu'un Brochet en sortit et sauta jusqu'à leurs pieds; ils ne purent cependant s'accorder sur la cause du miracle, Ghislain l'attribuait à Amand, et celui-ci l'attribuait à Ghislain.

Enfin la divine Providence, pour marquer qu'elle approuvait le nouvel établissement de Ghislain au Buisson de l'Ourse, comme il n'avait aucun bien pour fonder et doter le Monastère qu'il avait bâti, permit que Dagobert, Roi de France, vint encore une fois dans le Hainaut; Ghislain en étant informé, va le recevoir à la tête de ses

Religieux. Ce grand Monarque reçut favorablement cette démarche, et en reconnaissance lui céda toute la propriété du Buisson de l'Ours, ce qui comprend aujourd'hui toute la Ville de St.-Ghislain et sa juridiction, et en sus toute la propriété d'une autre terre qui est aujourd'hui le Village d'Hornu, pour dot et fondation de son Abbaye.

Cet Abrégé est trop court pour détailler les grandeurs et les vertus de Ghislain : Je dirai cependant en finissant : qu'il eut toujours un zèle infatigable pour le salut des âmes : on peut l'appeler à juste titre l'Apôtre et le Patron du Hainaut : cette Province était inculte, peu habitée; le peu de monde qui s'y trouvait vivait dans l'ignorance et dans le vice. Ghislain, par ses exhortations, les tira de l'une et de l'autre, il engagea le Prince Madelgaire de bâtir et de fonder de ses bien l'Abbaye de Haut-Mont, de s'y faire

Religieux sous le nom de Vincent, du consentement de Vaudru sa femme; ensuite il engagea Vaudru à bâtir aussi un autre Monastère de Femmes, à Château-Lieu, qu'on nomme aujourd'hui l'Abbaye de Ste-Vaudru, à Mons : Et comme Madelgaire et Vaudru avaient retenu de leur Conjonction deux Filles, Adeltrude et Madelberte, il leur persuada de se faire Religieuses à Maubeuge, sous la conduite d'Aldegonde, leur Tante, qui y était Abesse, et à qui elles ont successivement succédé à la Crosse.

Enfin, Ghislain, usé de travaux et de fatigues, s'étant acquitté comme je viens de le dire, de la commission qu'il avait reçue du Ciel, se retira dans la solitude avec ses Religieux qui étaient alors au nombre de trois cents, où il mena le reste de ses jours une vie toute céleste dans un corps mortel. Sentant que la mort approchait, il en avertit ses bons Religieux qui s'en affligèrent beaucoup; il tâcha de les en consoler, les exhortant à une entière résignation à la volonté de Dieu; ainsi cette sainte Ame se sépara de son corps environ l'an 660; il fut inhumé dans l'Église de son Monastère d'où il fut levé par Étienne, Évêque de Cambrai, l'année 894, pour être exposé à la vénération des peuples.

L'Église d'Hellemmes, près de Lille, a le bonheur de posséder, depuis grand nombre d'années, une portion de ses Reliques, ce qui y attire des fidèles de toutes parts, pour les vénérer, obtenir la guérison de leurs maux, en implorant son secours et en se mettant sous sa Sainte Protection.

ORAISON

Pour ceux qui sont affligés d'Épilepsie Mal-caduc.

O Dieu, très-juste et très-miséricordieux, qui en punition de nos péchés, permettez que nous soyons tourmentés d'une infinité de maux en cette vie; nous implorons votre bonté et miséricorde pour en obtenir le pardon, et faites que par les mérites du Glorieux Saint Ghislain, que vous glorifiez ici-bas par tant de miracles, nous soyons délivrés et préservés de tous maux en cette vie, surtout de l'Epilépsie ou Mal-caduc. Ainsi soit-il.

Oraison pour les femmes enceintes.

Glorieux saint Ghislain, qui étant sur la terre avez par vos mérites et intercession obtenu la délivrance d'une femme qui dans les douleurs d'enfantement était menacée d'une mort prochaine, j'implore aujourd'hui votre sainte protection, afin que je puisse heureusement mettre au monde le fruit que je porte et que par votre entremise il parvienne au saint baptême. Ainsi soit-il.

ORAISON

Pour la guérison des enfants languissants.

O Dieu de bonté, qui semblez avoir choisi de toute éternité le glorieux saint Ghislain pour être comme le dispensateur de vos grâces et faveurs, nous vous supplions très-humblement de vouloir par ses mérites et intercession conserver notre famille de toutes langueurs et infirmités, afin que nous puissions plus dignement vous servir en cette vie, et vous louer et bénir éternellement avec ce grand Saint en l'autre : Ainsi soit-il.

Prix du présent livret : 10 centimes.

APPROBATION.

J'ai lu ce petit Manuscrit, et je n'y ai rien trouvé contre la Religion Catholique, Apostolique et Romaine. A Lille, le 8 octobre 1766.

LE CAT, *Doyen de la Chrét. de Lille.*

AVERTISSEMENT.

Ceux qui voudront se procurer ce petit Livre, s'adresseront au Buffet de l'Association de saint Ghislain.

Lille, Imp. Horen.aus.

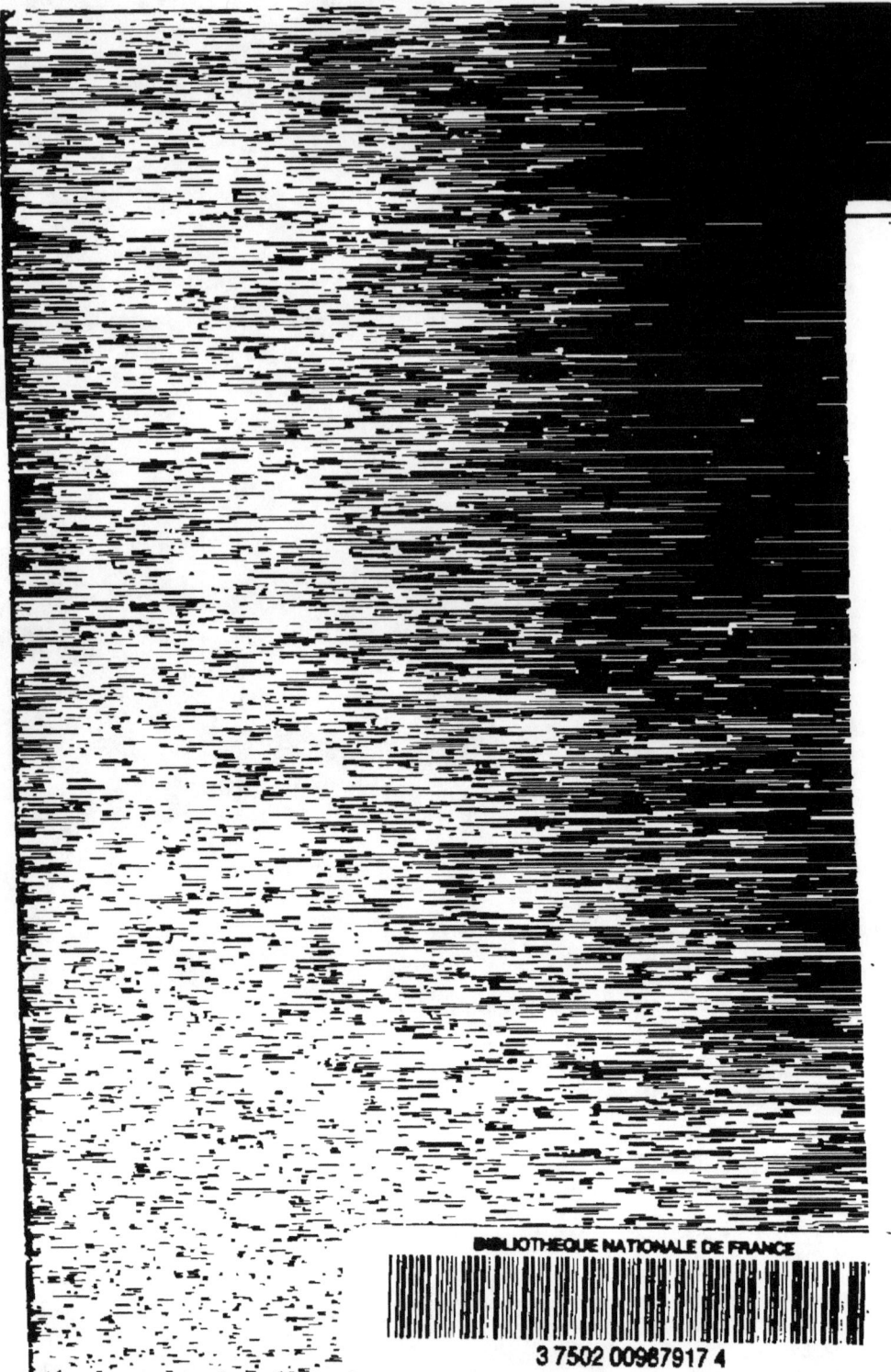

www.ingramcontent.com/pod-product-compliance
Lightning Source LLC
Chambersburg PA
CBHW070529050426
42451CB00013B/2930